T0129135

# Sasha Nemirovsky

# SEQUOIA IN BLOOM

Artist *Tatyana Apraksina*

English Translations by
**James Manteith,
Andrew Kneller**

Саша Немировский

# СЕКВОЙЯ В ЦВЕТУ

Художник *Татьяна Апраксина*

Переводы на Английский
Джеймса Мантета,
Андрея Кнеллера

authorHOUSE®

AuthorHouse™
1663 Liberty Drive
Bloomington, IN 47403
www.authorhouse.com
Phone: 1 (800) 839-8640

Published by AuthorHouse  06/20/2017

ISBN: 978-1-5246-9379-4 (sc)
ISBN: 978-1-5246-9378-7 (e)

Library of Congress Control Number: 2017908303

This is a reprint of the same book previously published
By Woodside Publishing, USA, California, Woodside, 2017
With original ISBN 978-1-5323-3833-5
And original Library of Congress Control Number:  2017907929

Print information available on the last page.

This book is printed on acid-free paper.

# Contents

## TRANSLATOR'S INTRODUCTION

When I first heard Sasha Nemirovsky sing and play guitar, accompanying himself on a Russian bard's song, I hadn't yet translated his poems. Yet his nervy informal musicality proved key for translating him. Recalling Sasha cradling his instrument, I felt I had seen him with his muse. His voice sounded soft yet urgent, tremulous yet strong, refined yet earthy, the proportions weighed as he progressed, delivering a believable humanity. His poems of contrast — sincere/ironic, joyful/indignant, hopeful/despondent, deep/flippant, grounded/restless, novel/common — have an essentially musical axis for their parts. Like his casual singing, his poems harbor soulful singularity while nurturing fellowship.

Sasha's poems can sound easy; like songs can, they slide unapologetically between polish and rawness, folky, jazzy, bluesy, classical, modern, unified by a feel for form, by controlled focus and flow. Yet the poems' layered pleasures, mirrored in the challenges of translating them, belie the cost of their nuanced naturalness, the care behind the case they make succinctly on a myriad of levels. "You're lofty sound," the poet tells his beloved, then adds, "I'm clinking tableware/Still smeared. Bottles of beer." With muse as a mediator, the poems permit the colloquial with the lofty. "Is there a tune in this?" the poet asks, then answers: "A chord amasses from us.../Harmonies wash into one./The universe made slightly more profound." Such "subtleties" make all the difference in Sasha's poems, sublimating a field of contingencies.

These poems, like songs, can find human life and eternity symbiotic. "Thinking of the vantage point of God," Sasha writes in the closing piece, "Eternity lasts no longer than a life." Earth's "caravan of people, things and times" stretches away from, yet also newly toward, the eponymous "Nativity." Self-evidently, too, words — "holy blemishes," as Sasha elsewhere describes his materials — emerge as emblems, in tandem with persons and geographies, of redeemable specifics and inhabitable abstractions. The fusion of sound and sense determines individual and communal memory, integrity. Accordingly, language merits a tumultuously active relationship, as suggested here in physically predicated analogies of intellectual life with mountaineering, bicycling, horseback riding, rafting and boating. "Soggy paper beats bottom-outs in silt," the poet remarks; extremes come with the athletics of the chosen territory.

Sasha Nemirovsky's language is emphatically his native Russian, although he has made his home in California and savors other languages and local colors. In his poems of productive displacement, Russian figures as an evocative language of poetic consonance, which multicultural peregrinations and technological neologisms need only broaden, as the writer wills it. That said, hearing Sasha's poems in English is a delight. In these translations, while aiming for improvisational flexibility — riffing and dueting — I've sought to preserve Sasha's own timbre and cadence, expressive of individual durability, growing refreshingly from human roots, and blossoming with tunes a life can carry.

*James Manteith*
*Oakland, 2016*

Sasha Nemirovsky

curve verse whole on the canvas field

## День первый

А что, стихи всё равно о чём?
Это как отправиться в плавание
На кораблике из рифмованных строчек,
Подбирая желаемое как главное,
Помня, что Бог создавал мир ночью.
Почерк
При таком раскладе был неважен.
Когда мироздание
Зазвучало — в нём уже была рифма.
Кораблик, забитый переживаниями, как поклажей,
Лавирует между рифов
Сознания.
Намокает бумага — лишь бы не сесть на мель.
В нулевой тишине первый звук есть бесконечность.
А когда растает первое слово —
Это первый рассвет. Первая цель —
Вечность.
Умирающий звук, готово,
Рассыпается светом вселенной. Трель
Птичья еще не сделана,
А то бы она звучала.
У кораблика ещё нет причала.
У нас с тобою ещё нет тела.
Но есть начало.

*Sasha Nemirovsky*

## The First Day

So, is it all the same, what poems say?
They could be called a way of setting sail
In a smallish boat of rhyme-steeped lines.
Salvaging desirables as central,
Recalling, God created the world at night.
Handwriting
In that plan went so-so.
Before the cosmos
Made a sound, its rhyme had life.
The boat, jammed with experiential cargo,
Zigzag tacks through reefy
Zones of ego.
Soggy paper beats bottom-outs in silt.
Hushed zero hour's first sound's the endless.
Then first word melt's
The first-ever dawn. The first-ever goal
The ageless.
Dying sound, built,
Strews the universe light. Trills
For birds still not ready,
Or that would belong.
The boat still has no docking.
You and I still have no bodies.
But a start is done.

(translated by James Manteith)

## Стихи

Должны быть просто музыка и тема.
Всё остальное — дело ремесла.
И ручка — рукоятка от весла.
Под ним бумаги рвущаяся пена.
Гармония оттачивает боль,
И боль рубцуется — и это всё, что было.
И время, развернувшееся вдоль,
Захвачено. Застыло.

*Sasha Nemirovsky*

## Poetry

The key is having music and a theme.
The rest is only exercising craft.
And a pen — an oar clutched in a raft.
Below it, paper rapids, frothy streams.
Harmony puts nuance into pain,
And pain crusts in a scar — and that is all.
Time twirls, traces your flank,
Is seized. Has stalled.

(translated by James Manteith)

## Мёбиус

Закончен лист. С него на шаг
Чуть отступи —
                и вновь абзац.
Не заблудись,
Коль пыль бумаг
Летит в глаза.
Веди строку,
Не верь в конец,
Замкнётся стих на полотне.
Тогда ликуй —
Среди колец
Споткнулся ветер на коне.

Седло лежит,
Поёт беда,
Змея заглатывает хвост,
А путь бежит
Из — в никуда
И вечно прост.

Здесь запятые не нужны,
И нет деления на ритм.
А строки все напряжены
Одним дыханием твоим.
И только удивлённый свист,
Когда на свой
Наступишь след —

Кто здесь прошел?
Какой поэт?
Да не споткнись!
Закончен лист.
С него на шаг
Чуть отступи —
                и вновь абзац.

Не заблудись...

## Möbius

It's done: a page. So now back off
A step to judge
           another strophe.
Don't lose the way
When paper dross
Clogs eyes closed.
Lead the line,
The end's not real,
Curve verse whole on the canvas field.
Then take delight —
Among the whorls
The wind's mucked up its jockey skills.

The saddle's thrown,
Misfortune sings,
The snake is swallowing its tail.
The road bounds on
Nowhere from nothing,
Timelessly simple.

Here commas can be put aside,
No signatures or bars set rhythm.
Yet each line's alert to ride
At no more than your respiration.
There's just a whistle of surprise
At your own imprints in your path —

Who left them here?
What poet passed?
Don't muck it up!
It's done: a page.
So now back off
A step to judge
           another strophe..
Don't lose the way....

(translated by James Manteith and Andrew Kneller)

## Сан-францисский романс

Два белых шарика взлетают над Сансетом.
Цветные ленточки не прижимает груз.
Тянусь
За ними взглядом, за сюжетом,
В котором вместе счастье есть и грусть.
Под ветром
Высоту глотаю с ними.
Смеюсь на празднике, оставшемся внизу.
Мне виден океан, сегодня синий,
Не то, что давеча, в осеннюю грозу.

Цветные домики, спешащие под горку,
Вдоль сетки улиц, где с краёв туман.
И зайчиков пускающие створки
Распахнутых оконных рам,
Где шторки
Разлетелись. Видно тесно
Им обниматься было в полный штиль.
Два белых шарика, ещё покуда вместе,
Проходят церкви утончённый шпиль.

Две тёмных точки исчезают в отдаленье.
О чём бишь я? — Давно зелёный свет.
Лишь груз от ленточек в портфеле на сиденье,
Да трафиком задушенный проспект.

*Sasha Nemirovsky*

## San Francisco Romance

Two white balloons ascend, fly buoyant over Sunset.
Colorful ribbons unencumbered by the load.
I'm towed
By watching them, by the vignette,
Which holds a mingled happiness and woe.
With the wind,
I go with them, imbibing altitude.
I join in laughter at the fete left on the ground.
My view includes the ocean — today it's blue,
No longer dulled by autumn's recent thunder clouds.

Colorful houses, in a hurry down the hillside,
By gridded streets with fog at either end.
And sashes letting rabbit-glints of sunlight
Hop through windows vigorously open,
With curtains
Puffed apart. Too much pressure
When sealed off to embrace, sea weather staunched.
Two white balloons, as yet still paired together,
Sail past a church's spire, finely wrought.

Two darkish dots eluding sight, lost in remoteness.
Where's my mind? — the light turned green long ago.
Briefcased ribbons on the car seat only load it.
And traffic has the streetscape by the throat.

(translated by James Manteith)

*Sasha Nemirovsky*

find my stone

## Моисей

Я смотрю на холмы. На линию пляжа.
На солнце.
Мне тысяча лет. Или больше.
Ну поди разбери.
Я здесь корни пустил.
И они разбрелись, как придётся.
Раздарил
Все свои имена — словно с веток листы.

Я гляжу.
И глаза корректируют первую память.
Я прошу —
И материя гнётся от слов.
Как же просто сказать,
Что потом невозможно поправить.
В избежанье ошибки — научиться бы слушать любовь.

Я спиной повернусь, чтоб закат мою тень передвинул.
Чтобы свежие всходы не попали под зной.
Поднимается ветер. И дождь выбирает долину.
Неужели всё это со мной?
Да уже над страной
Ливень прёт без обмана.
Виснет туча, и не скоро жара запечёт.

Я с теченьем веков различаю все чётче —
От кремлёвско-египетских стен и до третьего храма.
Кто ведёт душам счёт,
Пусть зачтёт,
Не споткнувшись на счёте.

*Sasha Nemirovsky*

## Moses

I am watching the hills. Watching the shore.
And the sun.
I'm a thousand years old. Or more.
Go and sort that one out.
Here I set my roots loose.
And they rambled without direction.
Shared around
All my names — like unleaving from boughs.

I am gazing.
And my eyes make revisions to first recollections.
I am asking —
And words weigh so matter adjusts.
It's so easy to say
What later refuses correction.
For fewer wrong turns, the lesson's to listen to love.

I am turning my back, so sunset resettles my shadow.
To shelter fresh seedlings from scorching.
Mounting wind. And the valley's chosen by rainfall.
Is this really happening to me?
Yes, over the country
A downpour already squalls, truthful.
Stormclouds hang, for a while keeping heat at bay.

Centuries pass, my discernment is surer —
From the walls of the Kremlin and Egypt, and then a third temple.
May the minder of souls' account
Let this count
Without stumbling on numbers.

(translated by James Manteith)

## В тени камней

В памяти горит свет.
Закат, отражённый от белого камня.
Холмы. Их линия медленно сходит на нет
У горизонта. Город, натянутый на подрамник
Времени. История, резонирующая прямо в кровь.
Да я уже бывал здесь и господином, и смердом.
Я частица этих склонённых голов,
Что под открытым небом
Строят берега добра
Размером и ритмом
Своей молитвы.
Паломники. Кошки. Детвора.
Пустынных улиц стоптанные плиты.

Я снова здесь, как раньше. И не так.
Хозяин, заскочивший в гости. Просто
Придавлен памятью. В ней старый лапсердак
Никак
Не подгоняется по росту.
Я к плёсу
Площади у Западной стены
Вдруг выброшен без всякого нажима.
Я, нерождённый сын моей страны —
Иерусалима.

Теперь ведом невидимым лучом
Сквозь трещины за каменную кладку.
Туда, где был и не был я ещё.
К началу, что в сухом остатке
Не изменилось.
Можно, возвратясь,
Найти свой камень, чтобы, прислонясь,
Почувствовать себя среди народа,
Когда сквозь арку незаложенных ворот
Взгляд видит чётко сущность небосвода
Как связь времён, а не наоборот.

Как блоки стен, надеты на линейку,
Лежат века. Но их не охвачу.
Я город пробегаю по лучу.
За башни, переулком, по ступенькам.
Я здесь молился, жил.
Теперь — молчу.

*Sasha Nemirovsky*

## In the Shadow of Stones

Memory, where light glows.
Sunset on a white stone mirror.
Hills. Their line's slow ebb to "no"
At the horizon. City taut on stretcher bars,
Time. History thrums straight to the blood.
Sure, here I've been both lord and chattel.
I'm a particle of these down-tilted heads
Below an open sky,
Builders of coasts of good
With meter, rhyme
Their prayer.
Pilgrims. Felines. Youngsters.
Footworn flagstones, streets now bare.

I'm here as I have been before. But not.
A landlord who has dropped by as a guest. Just
Pinned down by memory. In that, an oldtime lapserdak
Lacks
Tailoring for height, hangs shapeless.
Out to the placid
Plaza the Western Wall sees,
Suddenly I'm thrust without even a nudge.
I, an unborn son of my own country —
Jerusalem.

Now an unseen ray ushers me away
Through fissures in stonelaying work.
To somewhere I have been and not been yet,
The start, dry residue that part
Unchanged.
I could, returning,
Find my stone to lean,
To feel I'm of the people
When, through an arch, gate pillars never set,
My gaze would clearly frame the sense a sky shields
As times joined, not opposites.

Like the walls' blocks fit a survey rod,
Ages lie. Not mine to span.
I skim the city like the sun.
An alley, scaling stairsteps, passing towers.
Here I prayed, lived.
Now hold my tongue.

(translated by James Manteith)

## Следы

Я научусь читать слова святой земли —
Вот дерево, проросшее сквозь камень.
Котёнок, копошащийся в пыли.
Над ним в велосипедной раме
Перебирает смуглыми ногами
На бизнес навострённый бедуин,
Так что рука моя спешит в кармане
Потрогать кошелёк.
Иерусалим
Шумит вокруг и равно безразличен к прохожему
Или к пророку.
Вниз глядя, с высоты веков
Они похожи,
Но кто же
Сумеет посмотреть на это сбоку?

Так, неприлично,
Маскируясь под чужую душу,
Я, прикрываясь то кипой, то шляпой,
Шагаю за молящимся и трушу,
Что не смогу, не подчинюсь порогу,
Перешагну. Что клапан
Времени, впускающий туда,
Уже не выпустит обратно.
Что, как бы ни хотелось на попятный,
Уже не смочь.
Людская человечества руда
Так переходит в дух, в молитву и в отвалы прочь.
Так в ней встречаются слова — святые пятна.

*Sasha Nemirovsky*

## Imprints

I'll learn to read the words of holy earth —
That rock pierced by the progress of that tree.
A kitten groveling in the dirt,
Above it, in a frame of cyclery,
Swarthy legs pump skillfully,
Ferrying a business-minded Bedouin,
Sending my hand speeding to my pocket —
Wallet's there.
Jerusalem
Blares all around, equally unmoved
By prophet or pedestrian.
Gazing down, ages high — they look the same,
But who can
See this from a side perspective?

So, vulgarly,
In masquerade as someone else's soul,
I, shielded by a kippah or a wide-brim,
March behind a praying man, appalled,
Imagining I'll disobey the threshold,
Stride across. That the lid
Of time, the valve of entrance there,
Will tighten, blocking backward passage,
With any urge to skulk away, impassive,
Futile then.
And so mankind, humanity's raw ore,
Gains movement into spirit, into prayer and into midden.
Gains words, and each one holds a holy blemish.

(translated by James Manteith)

*Sasha Nemirovsky*

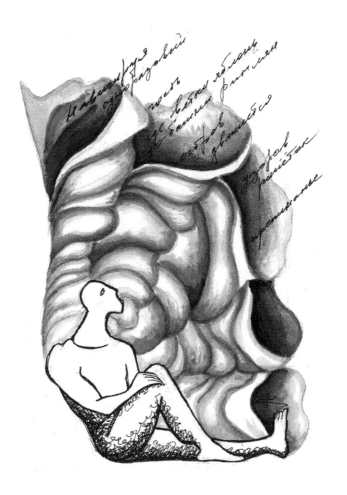

navigating

## Новозеландский пейзаж

Навигируя асфальт по Зеландии,
Переосмысливаешь размеры земного шара
И его движение по орбите. Мантию
Суеты, сотканную из жара
Работы,
Заменяешь на плавки.
Северные широты
Используешь лишь для справки
О финансах при оплате за кров
В местах постоя,
Там, где поголовье овец и коров
Значительно превосходит людское.


Удивляешься на Млечный Путь
Из светящихся червяков,
Живущих во тьме пещер,
Где своды и тишина не давят на грудь.
На водопады из ручейков,
Несущиеся через щель.
На апрель
В Квинстауне
В желто-зелёных пирамидках из тополей.
Берёшь паузу на печенье-брауни
С чашкой латте
У озера, где уходит в плавание
Пароходик, которого не дождаться обратно.


Потому что ты одноразовый гость
С перспективой мотеля
В сотне километров к югу отсюда.
И уже давно пора катить из апреля
В май фьордов, толкая трость
Переключения скоростей, подспудно
Сожалея
О краткости срока,
То есть о плотности впечатлений в единице времени.
Да, от этих мест не хочется жить врозь.
Но столько
Человеку не отпущено в одном поколении.

*Sasha Nemirovsky*

## New Zealand Landscape

Navigating the asphalt of Zealand,
You reconceive the extent of the planet
And its orbital motion. Arriving mantled
In work's fever-fabric
Distractions,
You slip into a bathing suit.
Northern latitudes
Serve solely to review
Finances buying hospitality
In places where you quarter,
Down where heads of sheep and cattle
Have people's heavily outnumbered.

You marvel at Milky Way
Luminous wormlet
Denizens of dark caverns
Whose silence and whose vaults don't suffocate.
And you wonder at waterfall rills
Sluicing through stony funnels.
And April
Queenstown's
Yellow/green pyramid poplars.
Pause for a cookie/brownie,
Cup of latte,
Lakeside, where a departing
Steamboat won't show redocking.

Since you're a one-day guest
Facing a motel
A hundred k southward.
And it's high time to roll out of April
Toward May fjords, gearshift grasping
Altered speeds, underpinning
Wistfulness
This time is brief.
That is, impressions dense per timespan.
Yes, life dislikes divide from these geographies
But much goes
Beyond one person's part each generation.

(translated by James Manteith)

## Юг Франции

А хочешь устриц, белого вина?
Как поздним утром в городке
Коллюре?
Где ветки
Яблонь прямо из окна
И препинанье платья по фигуре?
Как мы стояли, за руки держась.
Не щекотали памятью заботы.
А под ногами был песок. Не грязь
Иль слякоть подмосковного болота.
Как в нотах
Нашей встречи плыл простор.
Как, не справляясь с солнечной картинкой,
Бессильно щёлкал камеры затвор.
И смех дрожал у глаза паутинкой.

Коллюр Матисса в обрамленьи Пабло,
Где башни римлян —
Сторожа времён.
Тобой и ими
Вместе полонён.
Спаси мя, Господи, чтоб память не ослабла.

*Sasha Nemirovsky*

## South of France

How about oysters, maybe some white wine?
Like late that lazy morning
In Collioure?
Our window
With the apple trees outside.
A frock as punctuation for your figure.
The way we stood together, hands entwined.
No worries came to mind then, not a twinge.
With sand beneath our feet. Not stubborn grime
Or slush tracked in from Moscow's boggy fringe.
Our octaves
When we met swam with expanse.
The sun defied all settings for exposure,
Reduced each camera click to impotence.
Our vision trembled like a web with laughter.

Collioure — Matissian in a frame of Pablo.
Where Roman towers
Guard whatever times.
Both you and they
Have held me mesmerized.
Redeem me, Lord, so that the memory won't wobble.

(translated by James Manteith and Andrey Kneller)

## Утренний этюд

А с утра нас разбудят чайки.
И как будто запахнет морем.
Но ты зароешься в одеяло
С плечами.
И ничего на оставишь, кроме
Кончика носа.

Надо день начинать сначала —
Задавать и отвечать на вопросы,
Набегающие на кромку
Твоей суши. Без остановки.
Громко,
Пуще прежнего кричат птицы.

И свет взбивается солнечной пылью.
Вздох. Глаза.
Отключить мобильник.
И уже ничего не снится.

*Sasha Nemirovsky*

## Morning Etude

Then morning — the gulls will wake us.
And scents will rise like the sea.
But you'll burrow, blanket drawn
Shoulder-high.
And you'll leave nothing bare, save
Your nose's crux.

A day ought to start off with starting —
With asking and answering questions
Whose surf surges past your terrain's
Trailing selvage. Ceaselessly.
Big-voiced
Birds squawk still more gamely.

And sun-struck dust whisks light bigger.
A sigh. Wide eyes.
Turn off the cell ringer.
No longer in a dream.

(translated by James Manteith and Andrew Kneller)

## Гавайские открытки.

**1**.

Развалины русского форта Елизаветы.
Крики диких петухов, клюющих по кромке пляжа.
Островок Каваи. Дым твоей сигареты
По правилам — криминальная часть пейзажа.
Влажность
Такая, что подъём по тропе
Мало чем отличается от посещенья парной.
Лиана, как популярное канопе,
Преобладает и в архитектуре пивной,
Где за стойкой ставни на раскрытом окне.
Картинка: вид на школьное футбольное поле,
Сбоку обрезанное стеной,
Там памятник победе в японо-русской войне.
Больно.

**2**.

Я смотрю на огонь первобытной душой, в обрамлении страха.
Он течёт не спеша и по капле спадает на пляж.
Закипает волна, исчезая, мешается с прахом
Вулкана.
Остров движется в море. И растёт остывающий кряж.
Панорама
Из пальм и древесных хвощей,
Где шумит водопадом река,
Неизменна.
Лишь теряется ценность привычных вещей,
Когда время — синоним песка.

## Hawaiian Postcards

**1.**

Ruins of Russian Fort Elizabeth.
Crows of wild roosters pecking sand's ribbon.
The islet of Kauai. The smoke of your cigarette —
Says the state — spells crime in this view's jurisdiction.
Humidity
So high, climbing the pathway
Feels sweaty as a steambath session.
Lianas, popular canopy,
Predominate in tavern architecture.
Through shutters on the open window past the bar,
This view: a school soccer field,
One side of which a wall obscures.
A monument out there to Japo-Russo war victory.
Painful.

**2.**

I look at the fire with a primitive soul, framed by fear.
Its dawdling flow, crawling out drop by drop to the shore.
A wave starts to boil while receding and blends with the cinders
Of the volcano.
The island heads into the sea with the growth of the cooling spur.
Panorama,
Palms and rushy grasses.
A waterfall roars, downstream,
Hasn't changed.
Only the usual things' value passes
When time becomes sand's synonym.

**3.**

Полвека спустя после окончания большой войны
Посреди бухты — полузатопленный корабль
Стоит памятником её началу.
Но говорит больше о её тщете.
Посетители Оаху в основном влюблены
Друг в друга. Судя по толпе у причала,
Очень многие вообще
Из Японии.
Медовый месяц.
Широченный песчаный пляж.
Зеленоватый теплый океан.
Если
Каждая семья, как ветка, пускает свой корень,
То кто здесь чужой, кто наш?
Баньян.
Переживший войну,
Растущий с эпохой вровень.

**3.**

Half a century after a big war's finish,
A half-sunk ship sits mid-bay
As a monument to the war's first day
Yet saying more about war's vanity.
Most Oahu guests romancing
Each other. To judge, on the quay,
From the crowd, many
Traveling from Japan.
Honeymoon.
Sandy beach, breadth stupendous.
Greenish balmy ocean.
If
Each family's a branch with roots it places,
Who here is them, who's us?
A banyan.
War survivor,
An era's peer, growing its pace.

(translated by James Manteith)

## Открытка из Синтры

Эти бусы огней, уходящие в море с грудастых холмов.
Мавританские башни — тиары, где небо в подсветках.
Синтра спит. Плещет камень в разбеге веков.
Ресторанные столики спят в одеялках салфеток.
Это час, когда эльфы приходят с прогулок
В садах Регалейра.
Это время курительных трубок
С бокалом портвейна.
Португальское время эпохи смешенья времён.
Всё, что было уже и ещё не случилось.
Здесь клён
Перемешан на склонах с хвощём и сосной.
Здешний воздух звенит колокольней и пахнет весной.
Назначенье извилистых улиц
В расстановке дворцов.
Мы коснулись
Брусчатки. И стали причастны к листве —
Дон и Донья, что из синих встают изразцов,
Чтобы выйти в кроссовках в рассвет.

*Sasha Nemirovsky*

## Postcard from Sintra

These beaded lights slip seaward from buxom hills.
Moorish tower tiaras limn the skyline.
Sintra sleeps. Stone ripples in centuries' trail.
Small restaurant tables sleep, snugly napkined white.
This hour is for the elves' return from little strolls
In the Regaleira garden courts.
This hour is for the smoking of several pipes
With a tall glass of ruby port.
Portugal time in an era where times mingle.
All that has been and has not happened yet.
Here maples
Mix on slopes with sedge and pine.
Here the air's belfry rings and bears spring spice.
The rationale of winding streets
Lies in palace sites.
We touched the tactile
Cobblestones. Fraternized with leafy fronds —
A Don and Doña rising from blue glaze tiles
To roam sneaker-shod at breaking dawn.

(translated by James Manteith)

## Открытка с Ки-Веста

Черепаха ползёт по песку в направлении корма.
Мент штрафует водителя за высокую скорость -
Лицо истекает потом, безупречная униформа
Скрывает толстое тело, как протез прикрывает полость.
Жара, отражаясь от солёной воды, мешает мысли.
Надежда лишь на кондиционер в питейном баре,
Где рубашка, наконец отлипнув от тела, повиснет
Освобождая подмышки от участия в перегаре.

Домик великого писателя в цветных шляпах —
Кишит туристское развлеченье.
Кошки, переступая на шестипалых лапах,
Клянчат бутерброд, печенье
Или просто ласку.
История, затасканная,
В коммерческих целях обрастает сюжетной прытью,
Когда экскурсовод, декламируя неизвестные факты,
Излагает её, как сказку.
Как корабль во фрахты
Музей сдаётся под свадьбы или бизнес-события.

Отпуск, протекающий на Ки-Весте, пропал сангрией,
Катанием на водных лыжах и тому подобным.
Так и хочется приказать мгновению: замри и
Остановись. Но приходит электронная почта.
                                    С утробным
Звуком айфон выплёскивает на пляж
Реальность быта.
Гамак у моря больше не вписывается в пейзаж,
Составленный из хижины рыбака и его корыта.
Так что пора отправляться и залатывать сеть —
Какая проза.
И только светило сумеет по-королевски сесть,
Остужая закатом воздух.

*Sasha Nemirovsky*

## Postcard from Key West

A turtle crawls over the sand toward morsels.
A cop fines a driver for speeding —
Face fountaining sweat, flawless uniform,
Tubby body masked, stump to prosthesis.
The saltwater-amped heat's mind-addling.
The lone hope lies in the drinking bar's A.C.
There shirts unstick from flesh at last and dangle,
Sparing the pits complicity in boozy stink.

A great writer's house, in gaudy hats,
Reels with tourist revelry.
Ambling six-toed cats
Mooch a sandwich, a cookie
Or just pats.
History, shopworn,
Sprouts spry plotlines for commercial zing
As the guide, declaiming arcane data,
Plies it, fairytelling.
Like chartering a freighter,
Weddings and business do's make museum bookings.

A Key West vacation streams by, wafting sangria,
Water skiing and all that.
This moment should take orders: freeze,
Stay put. But an email lands.
              Womb-tract
Echo iPhone splats beach
With real-deal stuff.
A seaside hammock now strange in the scene
Laid by a fisherman's shack and his skiff.
So, time to board again, patch a network —
How prosaic.
And only an orb will shoulder sitting like a monarch
While chilling the air with sunset.

(translated by James Manteith)

## Французский квартал

Снимаю шляпу.
Электрогитара, ударник, контрабас.
И сакс.
По трапу
Клапанов пальцы —
Это почерк синкопы.
Баритон — шрапнелью звука
Тянется вязь танца.
Его стопы
По сцене в резонанс с моими,
Что по палубе зала.
Труба, подстрелившая мысль о бегстве,
Мимо
Узоров решеток домов квартала,
Взорвала мотив, что почти на бис
Обвил балконы плющом из детства.


Нью Орлиинс,
Твои женщины прибывают в гробах
Для продолжения рода.
Твои пираты спасают отечество,
Только когда их пах
Им диктует мысли.
И даже сирена полиции, как часть природы,
Попадает в такт
Тромбону беспечности,
Играющему — ах,
Как бессильны числительные!


Нью Орлиинс,
Джаз твоих мини-юбок
Отплясывает вниз
По улице в параде «Марди Гра».
Принц,
Поднимающий бутафорский кубок,
Как приз
За лучшую роль. С утра
Декорации из галерей в кованых решётках
И в живых цветах,
Реальностью подтверждают прошедший вечер.
Дешёвых
Бус убранство на проводах,
На ветках. Сердечно

## French Quarter

I doff my hat.
Electric guitar, skins, double bass
And sax.
Along ramp
Valves tap fingers —
Syncopation's penmanship.
Baritone — sonic shrapnel
Clinching meshwork dance.
His soles on
Stage resonate with mine
On the club planking.
The trumpet strafes an itch to split,
Ricochets
The quarter's lattice-hatch addresses,
Firework riff an inch from encore
Ivy twine around childhood balustrades.

New Orleans,
Your women cruise up in coffins
For procreation.
Your pirates save the nation
Only when their loins
Dictate them notions.
And even sirening police's part of nature
Pulses the same swing
As happy-go-luck's 'bone
Player — ah,
Number-crunching's square!

New Orleans,
Your mini-skirt jazz
Sashays down the street
In Mardi Gra parade.
A princely
Trophy waver's papier-mâché razz
Prize
Rah-rahs best role. Tomorrow's
Wrought-rim garland galleries
In snazzy hue
Reality swear last night unspun.
Chintzy
Beads costume cables and
Branches. An impassioned

Вторящий джазу старый колёсный пароход
Времени вопреки
И по влечению
Капитана берёт одну из нот.
Гудок плывёт
Ветром, дующим по течению
Величественной реки.

*Sasha Nemirovsky*

Jazz-mimicker old-school paddle steamer,
Time cheater,
Captain-encouraged,
Toots back one of the notes.
The whistle floats
On wind blown with the current,
With the regal river.

(translated by James Manteith)

## The 49-er (Сорокадевятник)

Золотоискательский городок,
Застроенный офисами хай-тека.
Отрог горы.
Паркинг.
Электромобиль мордой у перевязи —
Кормится через провод.
Арка.
Старенькая библиотека,
Подающая повод
Вспомнить о книгах как способе связи
С первобытной культурой ушедшего века.

Старатель, не ведающий одиночества,
Ковыряет айфон —
Но переходит к компьютеру,
Когда становится нестерпимо.
На экране как фон
Бежит незакрытый чат.
Равнодушный к почерку,
Он стучит пальцами.
Смотреть муторно,
Как они строчат.

Пилигримы
Из туристов-скитальцев
Чириликают фотки
Викторианских зданий
На фоне вывесок мировых фирм.
Залив. Порт. Высотки.
Боевик-фильм.

Герой. Конечно же, герой-одиночка.
Благородный, непобедимый.
Где-то уже это было.
Сюжет, убедительно
Проходящий через точку
Невозврата
Из азарта
Погони за золотой жилой.

*Sasha Nemirovsky*

## The 49-er

A little gold-rush burg
Rezoned with offices for high-tech.
Spur-heeled
Mountain. Slotted parking.
Electromobile, nose hitched to a rack —
Grazing through a wire.
An archway.
Oldie library,
Whose sight triggers
Memories of books as means of bonding
With the primal culture of an outgone century.

A prospector, innocent of loneliness,
Prods and picks an iPhone —
But doubles on computer
At peaks of aggravation.
Across the backdrop screen
Canters open chat.
With no taste for longhand,
He rat-a-tats with thumbs.
Nausea, watching
Their thumpety thump.

Pilgrim jaunters,
Tourist wanderers,
Chitter-chatter pics of
Victorian facades
Foregrounding signs of global firms.
Bay. Port. Skyscrape.
Action-packed film.

A hero. Of course, the hero fights alone.
Noble, unbeatable.
Seen somewhere already.
A plot persuasively
Passing a point known
As no-return,
Conjuring
Chased golden quarry.

(translated by James Manteith)

*Sasha Nemirovsky*

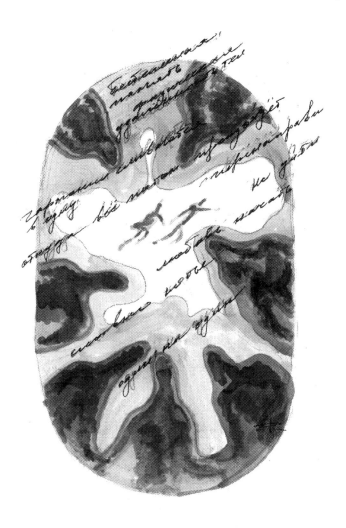

harmonies wash into one

## Отъезд

Физическая удалённость тел в пространстве —
Ещё не разлука.
И если протуберанцы
Солнца не светят нам одновременно —
Это не повод плакать.
Разлука — это когда у тебя болит колено,
А я не могу утешить. Когда фруктовая мякоть
Недоедена,
Ибо тебя нет.
Когда в кухне, там, где отметина,
Не зажигают свет.
Это стакан пустоты,
Налитый на ночь, щедро.
Это сухая цедра
Объективных причин, которые я не запомню.
Ты
Натягиваешь нашу струну так, что кроме
Её вибрации
Нет уже других звуков.
Разлука —
Это операция
На живой памяти,
Которая изменяет лица.
Я вздрагиваю от дверного стука.
Или это мне просто снится?

*Sasha Nemirovsky*

## Departure

Bodies physically remote in space
Don't yet signal separation.
And if protuberating rays
Don't send us sun synchronously —
That shouldn't make the eyes wet.
Separation is your aching knee
When I can't soothe it. Or fruit's soft pulp
Uneaten
Since it's where you're not.
Or some mess out in the kitchen,
Which anyhow stays dark.
It's a glassful of the void,
An empty nightcap, super-sized.
It's arid citrus rinds
Of objective causes my mind won't retain.
You
Apply such tension to our string, besides
Its vibration's
Sound there is no other.
Separation —
It's a surgery
On living memory,
Which reconfigures faces.
I'm startled by a knocking at the door.
Or did I ever waken?

(translated by James Manteith)

## К сыну

**1.**

Мой голос слаб.
Скорей похож на шёпот.
Слова еще живут недолгий срок.
Мне мудростью ошибок не заштопать.
Не пересдать проваленный урок.
Итог
Твоих движений, что наотмашь,
Есть боль. Её перенаправить —
Лишь в пустоту.
А ток
В твоих словах, где всё о прошлом,
Не отпускает память.
Я листу
Бумаги доверяю больше,
Чем твоим глазам.
То, что я в них читаю,
Как заношенное
Платье,
Трещит по швам,
Едва некстати
Я примеряю
Его на настоящем.

Мой голос слаб. Сквозь стену рэпа и «металла»
Не прорубить окно.
Ну как любовь начать сначала?
Так дно,
Наверно, выглядит: сплошная безнадёжность
Есть свойство дна.
Ну и, конечно, протяжённость.
Что даже крик не прерывает сна.
Ведь голос слаб.

## Son

**1.**

My voice is weak.
More like a whisper.
Short lives of words not yet gone.
No wisdom mends errors for me.
The failed lesson can't be redone.
What comes
As you move's like a flying slap:
Hurt. Nowhere to parry that
But into vapor.
While momentum
In your words, which speak just the past,
Won't let memory retreat.
I trust the paper
Sheet more, less
Your eyes.
I read what they show,
And it's a threadbare
Dress,
All split down the seams
At my misplaced
Wish to know
How it fits reality.

My voice is weak. Through walled rap and metal,
No hatcheting a window.
Restarting love — is that possible?
The lowest
Place must look like this — bleak hopelessness
A low floor's features.
As is interminate length, yes.
So not one shout disturbs the sleeper.
This voice is weak, remember.

**2.**

Я прохожу науку разлюблять.
Предел отчаянью ищу бечёвкой смысла.
Но, выбрав всю длину, она повисла,
Не тронув дна, с которого начать
Наверх, на свет, перемещенье.
Я применяю магию прощенья,
Заклятие кладу, чтоб не кричать.


Событьям прошлого меняю дни и числа.
Ищу в истории неверный поворот.
Откуда всё потом произойдет,
Чтобы застыть во времени и присно.

*Sasha Nemirovsky*

**2.**

I'm studying how love can be dismantled.
I test suffering's depth with meaning's plummet.
But sunk full-length, it slumped
Without finding bottom for recall,
Ascent to surface, light, transition.
I try wielding a magic of forgiveness,
Cast spells to swallow yells.

I'm changing days and dates of past events.
I'm seeking the wrong turn in history.
Where everything will later have an origin,
To freeze in time and for eternity.

(translated by James Manteith)

## Казнь

Хорошо ли секирой молчанья
Рубить по-живому с размаху?
С разворота. С оттяжкой. Плечами
Направив удар?
Сатанея от страха,
А может быть, от отчаянья,
Что никак не умрёт это чудо, пришедшее в дар?

Вот теперь наши руки по локти!
И чем это лучше, родная, чем если б
Оставить в живых? Нашей плоти
Не слиться в объятьях. Счастливые песни,
Увы, не про нас. Лишь надломленный стих,
Как осенние листья,
Шуршит перекатом в ночи.
Из всех пожеланий простых
Одна лишь надежда — прочти!
Хоть и нет в этом смысла.

*Sasha Nemirovsky*

## Execution

Is it right when a halberd of silence
Hacks an animate thing with a flourish?
A pivot. With heft. Shoulders flexing
A severing blow?
Half-satanic with horror
Or maybe desperation
That the miraculous gift won't give up the ghost?

Now we've bathed our arms red to the elbows!
And how is this better, my dear, than
Letting life live? Our flesh won't
Mesh in caresses. Cheerful anthems,
Sigh, don't concern us. Just verse fragments'
Autumn leaf-fall
Rustling in night gusts.
Of all simple wishes,
One sole hope — here, read this!
Even if it's not sensible.

(translated by James Manteith)

\* \* \*

Судьба нас исполняет, словно ноты.
Одновременна боль — в одном аккорде
Под пальцами создателя. Ну что ты
Сегодня грустная?
Мы — дань одной природе.
Концовка пьесы с точки зренья нот — загадка.
Нас вместе нажимают. Так раскладка
Записана на партитуре судеб.
Ты — гордый звук.
Я — дребезжу посудой
Запачканой. Бутылками пивными.
Пусть рассудит,
Кто слух
Имеет, есть ли здесь мотив?
Звучит аккорд из нас. Над ним речитатив
Из слов обиды, слов непониманья.
Какая глупость! Видишь, обнимаю
Тебя. Гармонии сливаются в одну,
Чуть-чуть вселенной добавляя глубину.

*Sasha Nemirovsky*

\* \* \*

Fate's performing us like music.
And pain's accommodated in this chord.
Beneath the maker's fingers. What's ruining
Your mood today?
We're tributes to one nature.
Notes don't know the play's last lines.
Together we are pressed. Such designs
The score of fates prepares.
You're lofty sound.
I'm clinking tableware
Still smeared. Bottles of beer.
So let verdicts
Come down
From expert ears — is there a tune in this?
A chord amasses from us. Above, recitativo:
Words resentful, words mistaken.
How stupid! See, I'm embracing
You. Harmonies wash into one.
The universe made slightly more profound.

(translated by James Manteith)

*Маме*

Я никак не пойму — это время бежит или встало?
Это я тебя помню, иль я в твоей памяти жив?
Или времени нет?
То есть нет ни конца, ни начала.
Просто солнечный свет
Над твоею щекою дрожит.

Что лежит
Впереди —
Видно чётко на будущем плане.
Что уже обожгло — навсегда отложилось в груди.
Если времени нет,
То не нужно молиться.
А в Храме
Можно просто любить
И испытывать радость любви.

Не бродить
От решенья к решенью
И дальше, к ошибке.
Не бывает ошибок, когда сочетается дух.
Я никак не пойму — это я умоляю прощенья,
Иль мне всё простилось?
А я, остающийся, глух?

О, родная моя, наше золото блещет,
Как прежде.
И смеются глаза,
А в ушах не умолкнут слова.
Они плещут
Во мне. Набегая, катясь и трепеща.
Ты на все времена
На меня заявляешь права.

*Sasha Nemirovsky*

## Mother

I'm still at a loss — is time frozen or spinning?
Does my memory keep you alive, or yours me?
Or is there no time?
No end, no beginning.
Just sunlight alone
Flickering on your cheek.

What's ahead
In the future
Is visible plainly.
What once burned sears a permanent sign in the chest.
If there's truly no time,
Prayer here is needless.
In the Temple
You simply can love,
Have love's joy expressed.

Not to stray
From choice after choice,
And then end up mistaken.
There are no mistakes when spirits coalesce.
I'm still at a loss — do I pray for forgiveness?
Or did I have everything pardoned,
But I, in remaining, am deaf?

My kin, my own blood, our gold glistens
Unfaded.
Our eyes flash with mischief,
In our ears, words echoing.
They ripple
In me. Rushing up roly-poly and shaking.
For all times to come,
You call me yours rightfully.

(translated by James Manteith and Andrew Kneller)

* * *

Это время детей, для меня собирающих камни.
Но, увы, не учитель, я сам еще тоже учусь.
Отбирая здоровье, прошу, только память оставь мне.
Я, наверное, детям, что слышат Тебя, пригожусь.

Это время набора ошибок, повторов.
Где в наушниках уши. Кричи ли, шепчи ли, пиши...
Но по капле сочится великая мудрость, которой
Удостоен зародыш, конечно бессмертной, души.

Озерца из любви пересохли ручьями надежды.
Я ступаю на дно и иду там, где светится смех.
Пусть мне камни встречаются в русле всё реже и реже.
Это время детей, за которых в ответе. За всех.

*Sasha Nemirovsky*

\* \* \*

It's the season for children to gather and give me their stones.
But I sadly can't teach, my own place still to learn.
In the reaping of health, I ask only the remnant of memory.
For the children who hear You, I'll surely bring back some return.

It's a season of sets of mistakes, repetitions.
Of earbuds in ears. Shout or whisper, writing on...
But in droplets, great wisdom bleeds through, a privilege
Given, of course, to a soul from eternity's stem.

Love's lakelets, gone dusty, are fed by hope's trickles.
My feet walk the bottom, I follow where laughter shows light.
Even if I turn up fewer stones in pacing this channel,
It's the season to answer for children. For all their lives.

(translated by James Manteith)

\* \* \*

И когда я буду потом
Судим своими детьми
За эгоизма грех...
Что с того, что написан том
И посажено дерево на виду у всех?
Что с того, что людьми
Позже буду я вдруг прощён?

Я не буду оправдан там,
Где ведут мой закрытый счёт.
Где заказан мне доступ в храм,
Где душа прогорит, как воск.
Пусть я всё, что украл — отдам.
Пусть охрипнет мой го-лос
От раскаяния и вины.
Мне останутся наши дни.
Мне останутся мои сны.

Бестелесная память пусть
Пронизает вселенной свет.
Я опять с тобой повторюсь
Через тысячу, что ли, лет.
И на землю придет опять
Возродиться одна душа.
Чтобы в двух телах побывать.
И свести в одно, жизнь кроша.

*Sasha Nemirovsky*

\* \* \*

And when later my time comes around
For my children to judge me guilty
Of the sin of self-conceit...
Will the book once written count,
Or the openly planted tree?
Will it matter when people deem
Me suddenly forgiven?

I won't be condoned up there,
Where my sum's in a secret ledger,
Where the temple would have me appear,
Where my soul will burn down like a taper.
Whatever I stole, I'll return.
Whatever's my voice, scrape it raw
With repentence and shame.
I'll retain the extent of our days.
I'll retain the expanse of my dreams.

Let the bodiless memory be
Suffused in the light of the cosmos.
After that, you and I will repeat
In a thousand years, maybe, or so.
And again on the face of the earth
One soul will arrive for rebirth
In two bodies for part of its term,
Lives crushed so its whole can emerge.

(translated by James Manteith and Andrew Kneller)

\* \* \*

Ты мне просто вот так надиктована Богом.
Как моё завершенье. Мне уже от тебя не уйти.
Не венцом и не в церкви, мы с тобой сочеталися слогом.
Ты подумаешь слово — и слово ко мне долетит.
Кто простит?
Кто осудит? Мы связаны, сломаны, смяты,
Как подбитые птицы.
Нам осталось упасть.
И банально разбиться.
И это, конечно, расплата
За всё, что мы раньше с тобою успели украсть.

Вновь бессонный встречаю рассвет и грущу.
Неужели надежда
Не придёт навестить? Не разгладит рукою чело?
Ведь прошло столько лет!
Я, наверно, прощу.
Только прежде,
Я спрошу у тебя: а за что?

Не глядишь. И слова виноваты.
Я всё понял. Здесь просто бессильны слова.
Мы же сами решили. И нашим решеньем прижаты.
Ни вздохнуть, ни подняться.
Сквозь нас прорастает трава.
Свирепеют ветра.
Память тлеет, покрытая коркой.
И тускнеют картинки, их никак не сберечь.
Столько лет протекло, что уже неизвестно и сколько.
Безнадёжен рассвет.
Бесполезна поэзии речь.

Ты прости меня, Боже, за нас, за двоих, недостойных.
Испугавшихся счастья.
И выбравших выжить во тьме.
Мы застыли в письме.
Между строчек прослоены.
Части
Одного механизма. С бо́льшей виною на мне.

\* \* \*

God gave you to me freely by dictation.
As my completion. I can no longer leave you behind.
No ring and no altar, syllables conjugate us.
You consider a word — and the word wings into my mind.
Who'll forgive?
Who'll condemn? We're bound, broken, battered.
Like sniped birds.
What's left is our fall
And banal shatter.
And that, of course, pays the piper
For all you and I once stole.

Sleepless again, I meet the dawn, moping.
Won't hope
Pay a visit, calm my brow with its touch?
So many years on!
I'm surely forgiving.
But first, though,
I'll ask you: for what?

Your gaze distant. And words bear the blame.
I see. Simply words fail here.
We decided ourselves. Are trapped by our own decision.
We can't breathe, can't get up.
We are riddled with grass.
Winds lash.
Memory smolders, coated with ash.
Photographs fade, no way to shield them.
So many years gone that no one kept track.
Daybreak deceptive.
Poetry speaks for no reason.

Please pardon me, God, for our twosome, disgraceful.
Whom happiness frightened,
Who chose the dark to survive.
We're frozen in writing.
Spread in line spacings.
Parts belonging
To one mechanism. The greater guilt mine.

(translated by James Manteith and Andrew Kneller)

\* \* \*

Всё, что осталось от меня,
Кончается. И не надолго хватит.
Ещё два дня.
Ну, может быть, неделю.
Беда одета в старенькое платье.
Ты в нём беременной носила наших деток.
В похмелье
Жизнь наряжена всё в то же,
Что на пиру.
К утру
В глазах тоска.
И я, ничтожный,
Без тленья прогораю в этом взгляде.

Ещё броска
Четыре или пять осталось
Раненому телу.
Как эффективно наступает небытие.
То малость —
Но в твоей тетради
Нет места более для нас.

Я подведён к пределу.
Остался час.
Спустя его уйдёшь, и я погасну.

\* \* \*

Whatever of me might be left
Is almost gone. And won't last long.
Just two more days.
At most, a week.
Misfortune has an old dress on.
You wore that, pregnant with our kids.
After the banquet
Life doesn't change outfits
For hangover.
Dawn approaches
Eyes that despair.
And I, nobody,
Quickly burn straight through, stared down.

Some flickers,
Four or five, left in
An injured body.
Unbeing follows so effectively.
Nothing, maybe —
But no more of us fits
Your diary.

I'm pushed up to a precipice.
Left an hour to be.
Then you'll go, and my flame will cease.

(translated by James Manteith and Andrew Kneller)

\* \* \*

Здравствуй, Время — Медведь.
Мы с тобою один на один:
Да, я знаю, ты меня заломаешь,
Мне не выстоять бой.
Только раунд вот этот — за мной.
Понимаешь?
И, быть может, другой
Я ещё продержусь...
Мне же есть, для чего.
За моею спиной
Эти детские руки,
Эта чушь
И не чушь бесконечных вопросов.
Этот рот, перемазанный кашей.
Эти слёзы,
Обида и всё остальное,
Что всё-таки даже
Даёт мне надежду,
Что лапа твоя промахнётся,
Порвавши одежду.
Ещё один раунд не твой.

*Sasha Nemirovsky*

\* \* \*

Good day to you, Time — Sir Bear.
We're squaring off, one versus one:
Yes, I know you'll maul me flat.
I won't stay on my feet the whole fight,
But the edge in this round here's mine.
Understand?
And maybe I'll scrape by
Enough in the next to hang on...
After all, I have reasons.
Behind me,
These hands of children,
These dumb
And not-dumb endless questions.
This mouth smeared with oatmeal.
These tears,
Pouting and other symptoms,
Which lead me to feel
Even hopeful
Your paw will swipe by with no violence
But clothing torn.
Another round you haven't won.

(translated by James Manteith and Andrew Kneller)

## Джаз в Одессе

Я считаю ступени, ведущие к Дюку.
Раз, два, три.
Я делаю вид, что набил себе руку,
Чтобы лихо вести удачную жизнь.
Четыре, пять.
Черноморский бриз
Завернул мои брюки,
Дышит в спину,
Не поверни.
Если придётся сбежать вниз,
То тогда половину
Камней ноги сами смогут узнать.

На эти я капал мороженым
За девятнадцать копеек
В первом классе.
Семь, восемь, девять.
А на этих поссорился с другом из-за корма для его канареек.
Что поделать. Мы помирились гораздо позже
В очереди к кинокассе.
Четырнадцать, пятнадцать.
Вот тут я споткнулся, чтобы схватиться за твою руку,
И пальцы,
Вздрогнув, переплелись. С тех пор запахом твоей кожи
Или звуком
Голоса загорается память.
Шестнадцать, семнадцать, двадцать.
Я не знаю, как я прожил
Через пустоту, когда ты уехала в эмиграцию.
Возможно,
Я поехал за тобой — догнать и оставить.

Я в туристской толпе на пятидесятой ступени.
До верха ещё далеко.
Я грызу семечки из газетного кулёчка,
И тени
Каштанов соответствуют точно
Моему росту.
Легко
И быстро мимо поднимаются не наши дети.
Шестьдесят, семьдесят, девяносто.
К залитой солнцем последней площадке,

*Sasha Nemirovsky*

## Jazz in Odessa

I count steps leading to the Duc.
A-one, two, three.
I pretend to have a knack
For a mad life that succeeds.
Four, five.
The Black Sea breeze
Jacks my slacks,
Breathes at my back.
Don't turn around.
If I have to run down,
Half the stony track
Stands stretched in my feet's mind.

On these stairs, drips of ice cream
Bought for nineteen
Copecks by first-grade me.
Seven, eight, nine.
And on these, friends fall out about feeding his canaries.
So it goes. Much later, we made peace
In a movie picture line.
Fourteen, fifteen.
Here I tripped to seize your hand,
And our fingers,
Startled, intertwined. Since then, your skin's scent
Or the sound of
Your voice fire memories.
Sixteen, seventeen, twenty.
I don't know how I lived through
All your emigration emptied.
Maybe
I left on your trail — to catch up and leave.

I'm in a tourist crowd on step fifty.
The top still lies far away.
I munch sunflower seeds from screwed-up newsprint,
And chestnut tree
Shadows perfectly fit
What my height is.
Easily
And quickly passed by not-our-children climbing.
Sixty, seventy, ninety.
To the final sun-drenched landing,

*Sequoia in Bloom*

Откуда можно заметить
Песчаные
Дюны вдоль фривейной дороги.
Одноэтажный домик.
Сто десятая, сто девяносто вторая.
Всё. Мостовая.
Черта.
Пологий
Пляж. И томик
Стихов на языке, что больше не прочитать.
Из другого края.

*Sasha Nemirovsky*

From which one might see
Sand
Dunes by where the freeway goes.
A single-storey home.
One hundred ten, one hundred ninety two.
That's all. Pavement resumes.
Edge.
Subtle slope of
Beach. And a thin volume,
Poems in a language now unread.
From other longitudes.

(translated by James Manteith)

*Sasha Nemirovsky*

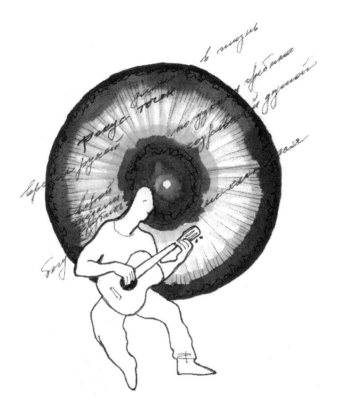

perfect focus

## Кронос

И жизнь моя станет ещё на год покороче.
И борода моя станет больше седой, чем рыжей.
И я ещё меньше буду понимать поколение моей дочери.
И ещё больше забывать то, из которого вышел.

Но всё так же, никому не известны, гниют мои строчки.
Но всё так же летит, вращаясь, вокруг солнца шарик.
И не больно совсем заменяется день ночью.
И не слышно, как время рукой в памяти шарит.

Я рентую у Бога для жизни пространство и время,
Чтобы выплатить позже, созревшей душою, сполна и зараз.
Чтобы чьи-то губы перебирали кости моих песнопений,
Надувая звуковой волной памяти парус,

Чтобы тот потянул и незнакомый кораблик двинулся,
Подминая под себя молчанья солёные волны.
Наплевать, что я давно родился и уже выдохся.
Я держу нужный курс. И держу его ровно.

*Sasha Nemirovsky*

**Chronos**

And my life will be shorter by one year's span.
And my beard will become more graying than russet.
And I'll grow still more clueless about my daughter's generation.
And forget even more about the one I was from.

But as ever, unknown, my verses fester.
But as ever, the sun centers flight for a small, spun sphere.
And causing no pain, none at all, night takes day over.
And making no sound, time's hand burrows in the remembered.

God is leasing me room for a life in space-time,
For a ripeness of soul to pay back once in full.
So that someone's lips one day might sift bones I songwrite,
And find vibrating sound to swell memory's sail,

For its pull, sending alien vessels to sea,
Parting silence of salt-bearing waves with hulls' pressure.
It's beside the point when I was born, then wearied.
I'm keeping this course. No less straight than ever.

(translated by James Manteith and Andrew Kneller)

## Наблюдение

С годами больше ценишь качества души,
Чем прелесть тела, сжатого локтями.
Так, многое, что раньше было «О!», скатилось в «пшик».
Корабль времени,
Разлёгшись на диване,
Гоняешь птиц случившихся событий
Туда, куда им вовсе не леталось.
Предав наитье,
Искусство тоже поменялось
Местами с жизнью. Теперь испытываешь жалость
Не к Ромео или Джульетте, а к зрителю,
Что плачет над финалом.

Вообще, сюжетов оказалось мало.
Дарителю
Ужели не наскучит,
Что плачут каждый раз, как будто в первый?
Увы, история не учит.
А было б здорово, платя монеты,
Суметь сберечь глаза и нервы.
И может, жили б дольше.
С годами больше
Понимаешь, что жизнь кончается,
Когда исчерпаны сюжеты.

*Sasha Nemirovsky*

## Observation

With years, you start to value qualities of soul
More than the charming body, squeezed by elbows.
Then much once "Oh!" degenerates to "blah."
Time's ship,
Flopped on the sofa,
You chase the birds of past events
Where they were never really known to fly.
Traitor to instincts,
Art's also handed over
Its place to life. What currently you pity
Isn't Romeo or Juliet, but audiences'
Tears at the finale.

And stories, somehow there just aren't that many.
Won't their giver
Quickly tire
As tears flow liberally as at first?
Tough luck that history's no teacher.
But think, how sweet instead to cough up dimes
And skip the strain on eyes and nerves.
Besides, lives might last longer.
As years go by, you better
See life ends after each story's vein gets mined.

(translated by James Manteith)

## Велосипед

Эта ось не годится —
Так скоро я обод погну.
Отскочившая спица
Торчит и цепляет штанину.
Я доехал досюда. И может быть, брошу машину,
Чтобы дальше пешком, направленье держа на луну.

Не спешите уверить, что мне до луны не дойти.
Я же помню картинку из старого детского фильма —
Если верой педали крутить
(Можно даже не сильно),
То луна недалече. Спасибо за это, «Е.Т»*.

Ну какая беда, что уже не вскочить на седло,
Чтоб под горку катиться, раскинувши руки, как встарь?
Я не стар.
Но по лунной дорожке топчу тяжело,
А в натёртую спину впиваются руль и фонарь.

---

* «Е.Т» — имеется в виду фильм Стивена Спилберга «Инопланетянин».
"E.T. the Extra-Terrestrial" (1982)

*Sasha Nemirovsky*

## Bicycle

This axle's a joke —
In no time I'll bend a rim.
Sprung loose, a spoke
Protrudes and snags my hem.
I rode this far. Now maybe I'll leave the machine,
Continue on foot with the moon a trajectory.

Don't rush to affirm the moon lies out of my reach.
I clearly remember the scene in that old family movie —
If pedals are spun with belief
(Even effortlessly),
The moon's a near neighbor. Thanks to E.T.

So what if I'm done saddle-hopping
To coast a hill no-hands as in older days?
I'm not old-aged.
But trudging up the lunar path's a slog,
Back chafed and jabbed by handlebars and bulb.

(translated by James Manteith)

\* \* \*

Я иду по узкому гребню.
Справа и слева пропасти.
На дне их просто
Страшно, или я так зябну.
Облака затянули звёзды.
С ног валит порывистый ветер.
Это такая дорога, где
Каждый шаг остаётся,
Выжигая картинку в моем мозгу.
Как будто метит.
Но иногда бывает —
Над гребнем восходит солнце.
И ветер
Тогда стихает.
И я по снегу бегу.

*Sasha Nemirovsky*

\* \* \*

I follow a narrow ridge.
To the right and the left, abysses.
The floor of them simply
Frightful, or I might just be just frozen stiff.
Cloud banks obscure stars.
Wind gusts, feet brace for balance.
This is the kind of road where
Every step persists
As a scene seared in my brain.
Burning like a branding.
But sometimes when
The ridge is topped by sunup,
The wind
Quiets down.
And over the snow I run.

(translated by James Manteith)

## Памятник

А какая разница,
Как будет выглядеть мой памятник,
Если к нему никто не придёт?
Я всю жизнь не кланялся.
Не покупался на пряник,
Надеялся — кто-нибудь, да найдёт.
Кто-нибудь
Перечтёт еще не остывшие строки,
И они уколют печалью.
И зачнутся, пойдут расти мысли,
Корнями свои соки
Возвращая душе.
Мир безразличен.
И это первоначально.
Поэтому сработанное из камня -
Не долговечней написанного в карандаше.
И только сроки
Жизни секвойи
Больше, чем период смерти развалин Рима.
Посадите мне памятник.
И просто поливайте его водою.
И не надо слов. Я и так любимый.

*Sasha Nemirovsky*

## Monument

But what difference does
The look of my monument
Make, if no one visits?
All my life, I never fawned,
Never bought the bait of bon-bons,
But hoped someone, say, would find it.
Someone
Reading the not yet stale craft
Will feel its melancholy stab.
Conceiving germinating thoughts
With rooted sap
To reinfuse a soul.
The world's apathetic.
Was that originally.
So whatever's stone-chiseled
Has permanence no more than work in pencil.
And only the stretch
Of life for a sequoia
Outstrips the death span of Rome's rubble.
Plant me a monument.
Just splash water on its soil.
And no words. I'm already beloved.

(translated by James Manteith)

## Рождество

Времена взаимосвязаны.
Иногда людьми, но чаще вещами —
Идеями, выраженными в материи, сообразно
Желанию создателя или владельца.
Так юнец,
Покрытый прыщами,
Или мудрец
Одну и ту же идею, то есть вещь,
Используют по-разному.
Например, плащ
Можно продать, чтобы сейчас поесть,
Или завернуться потуже, чтобы потом согреться.


Люди отображаются на времена
Отрезками разной длины,
Параллельными друг другу.
Поделенные на народы и племена,
Выходящие из одной страны,
В основном на запад, с отклонениями к югу,
Они составляют эпоху.
Называют её «дорога».
И говорят, что по ней время движется, ползёт, бежит.
Хорошо ли, плохо ли,
Но если посмотреть с точки зрения Бога,
То вечность — всего-то длиною в жизнь.


Спайки «человек-вещь» могут вдруг поранить
Или затопить, как внезапный поток.
Как свет, рванувшийся в приоткрытую дверцу,
Наваливается затыкающий горло комок.
Только память
По-другому болит. Потому что она не от сердца.


Итогом событий остаётся листок
С историей, записанной не совсем очевидцем,
Сводящей восток
И запад под одним переплётом
И перечёркивающей границы
Налётом
Войн. От той истории знобит.
Когда глядишь сквозь масленичную листву,
Как свет
Звезды парит
Над городом. Движение планет,
Причастных к торжеству,

*Sasha Nemirovsky*

## Nativity

Times have interconnections
Sometimes through people but mostly through things —
Ideas expressed in materials, mirroring
Urges of makers or owners.
Like a youth,
Flecked with pimples,
Or a guru,
With the same idea, thing, I mean,
Might find it unlike uses.
A raincoat, say,
To hock for a bite to eat,
Or wrap up in tight for warmth.

People project onto times
In segments of unlike lengths,
In parallel to each other,
Divided in nations and tribes,
Heading out of a single country,
Mainly west with a southerly drift.
They constitute an era.
And call it "road."
Along it, they say, time moves, crawls, runs.
But for better or worse,
Thinking of the vantage point of God,
Eternity lasts no longer than life does.

Spliced person-things can bring sudden injury,
Can sweep over others like flash floods,
Or like light gushing out as some portal parts,
And in the throat swells a sudden lump.
Only memory
Aches otherwise. Not being from the heart.

Events culminate in a leaflet
Bearing history set down not by a witness quite,
A story that gathers east
And west in one binding
And decimates borderlines
With haze
Of wars. That story chills the spine.
When you peer through rich olive-grove foliage,
There's light,
A star soars
Over the city. Kinetic planets,
Partakers in the pageant,

*Sequoia in Bloom*

Его не отклоняет. Фокус точен —
Он разгоняет страх.
Но больно видеть бесполезность жертвы,
Когда порочен
Столетий ход.
И странно чувствовать бессилие веков
Улучшить первый.
Надёжа в том, что нерушима
В своих делах
Любовь
Как связь из нынешних времён,
Ничуть не менее паршивых,
С прошедшими, что приняты нулём.
Феллах,
Ведущий ишака под гору.
На нём — ещё девчонка, но уже с дитём.
За ними караван людей, вещей, времён,
В котором
И мы бредём.

Won't dispel its glow. Perfect focus
Clears the air of fear.
Painful, though, seeing futile sacrifice
As hundreds of years
Progress perversely.
And strange to sense centuries unfit
For bettering the first.
Hope seeks the indestructible
In matters done by
Love,
Whose links made out of present days —
Not one bit less crummy —
Reach past ones reckoned nil.
A fellah
Leads a donkey down a grade.
On the beast, a woman still a girl, but with a child.
Behind them walks a caravan of people, things and times,
Within which
We also wind.

(translated by James Manteith)

## MANIFESTO OF JAZZ POETRY

This document attempts to describe how I write in a form which as early as 1987 I started calling "jazz poetry." By "formally" following the principles sketched below, anyone can write in this form. Certainly, like any poetic form, it hinges on a way of thinking. Not all authors will find it comfortable. Yet the same holds true of other forms, traditional or non-traditional: not everyone feels at ease writing amphibrachs, blank or free verse, etc. Obviously, the shape chosen for work in poetry should fit the subject, but still more importantly, it should resonate with the inner structure of the author's world. Otherwise, the result might be bright, shiny art for art's sake, but no more.

### 1. How to read jazz poetry

Jazz poetry forms can involve simple or complex variation.

However simple, sonic poetry invites the reader to pronounce the verses out loud (or silently voice them, but keeping their meters and rhythms) to reveal the words' hidden melody. Music and emotion appear, and understanding of poetic meaning and content follows. Basically, this inspires the right reading of jazz verse. In jazz poetry, words gain more importance with the help of music, tone painting. In tandem with literal meaning, this further meaning adds an emotional dimension to associated phrases. About like this (with rhyme examples shown by fonts):

| | |
|---|---|
| **Bouquet** | **Букет** |
| The middle of *sadness* | Середина *печали* |
| Is not yet a floral "**until next!**" | Еще не цветок «до **свиданья**!», |
| But only a *silence* | А только *молчанье* |
| Which *slumps in.* | *Плечами.* |
| Not yet forget-me-not riffs, | Еще не мотив незабудок, |
| But **enigma**, | А **тайна** |
| An unspoken *rose*. | Несказанной *розы*. |
| The **fringes**. | **Окраина**. |
| How daisies bend. | Ромашек изгиб. |
| O *ownerless* | Да *бесхозность* |
| *Pollen.* | *Пыльцы*. |
| Poplars' quick `fading` | Тополей одночасье, |
| Itchily *fallen.* | Как **сыпь**. |
| The middle of *sadness.* | Середина *печали*. |
| The *ends* | *Концы* |
| *Unseen* — | Не *видны* – |
| Gladioli `notations`, | Гладиолусов нотная запись, |

85

| | |
|---|---|
| O keyboard *dreams*. | Да клавиши – **сны**. |
| And tulips without *shame*. | И бесстыдство *тюльпана*. |
| O forfeited scent of carnations. | Да отнятый запах *гвоздик*. |
| Unknown nations, | Незнакомые *страны*, |
| Like southerly flower *refrains*. | Как южных цветов перепев. |
| Betwixt pages. | Между *книг*. |
| Nostalgia sage, | Ностальгия полыни, |
| And in it, **distantly**, | И в ней **далеко** |
| Orangey odor, exotic. | Апельсиновый запах чужбин. |
| Backs arrived late. | Неуспевшие спины. |
| And poppy delirium | И маковый бред |
| Above hilly horizontals. | Над горбами равнин. |
| And **tranquility**. | И **покой**. |
| And luscious excisions of violets. | И приторный вырез фиалки. |

Each verse comprises a small illustration of a limited combination of emotions. Clearly, with verse arrangements in coherent cycles, one can speak of long emotion poems (if not novels) as a separate form proceeding from jazz poetry.

Naturally, not all readers think in emotional categories. Similarly, not everyone can sound out poems from a page without missing a beat — so for such readers the poem will fragment and eventually collapse. If this happens, my advice is, listen to some jazz poems performed by others or, better yet, by their authors — comprehension should ensue.

A jazz form (to some extent) can lend poetry an intimately communicated meaning, a mood the reader feels. Like shells you can set to your ear and hear the sea, the river, the street, or hear nothing at all.

More complex jazz poetry variations interweave traditional methods and forms with music, evoking other layers entirely. In such forms, what is needed from the reader is not sounding out and pronouncing rhythm so much as emotional receptivity to the meaning of each verse fragment, since all the fragments thread together in a single logical vector to make the poem's message. Something like this:

| | |
|---|---|
| Good day to you, Time — Sir Bear. | Здравствуй, Время — Медведь. |
| We're *rivals*, one versus one: | Мы с *тобою* один-на-один: |
| Yes, I know you'll maul me flat. | Да, я знаю, ты меня **заломаешь**, |
| I won't stay on my feet the whole *fight*, | Мне не выстоять *бой*. |
| But the edge in this round here's *mine*. | Только раунд вот этот — за *мной*. **Понимаешь**? |
| Got that? | И, быть может, *другой* |

| | |
|---|---|
| And maybe I'll scrape *by* | Я еще **продержусь**... |
| Enough in the next to hang **on**... | Мне же есть, для чего. |
| After all, I have **reasons**. | За моею *спиной* |
| *Behind me,* | Эти детские руки. |
| These hands of **children**, | **Эта чушь** |
| These **dumb** | **И не чушь** бесконечных *вопросов*. |
| **And not-dumb** endless *why's*. | Этот рот, перемазанный кашей. |
| This mouth smeared with oatmeal. | Эти *слёзы*, |
| This *crying*, | Обида и всё *остальное*, |
| Pouting and other *items*, | Что всё-таки даже |
| Which lead me to feel | Даёт мне **надежду**, |
| Even `hopeful` | Что лапа твоя промахнётся, |
| Your paw will swipe by with no violence | Порвавши **одежду**. |
| But torn `lapels`. | Еще один раунд не *твой*. |
| Another round not your *side's*. | |

I recommend authors writing in a jazz form to sound out their poetry and not just write down words (think of music notation). And as does music, jazz poetry needs performance. I often encounter misunderstanding from people who read the page without hearing declamations, and who consequently dismiss the jazz form as poetry.

## 2. Traits of jazz poetry form

Like musical jazz, poetic jazz contains constant inner tension. Here both theme and meaning are framed by sound passing through the poem. Meaning's tension, its road, must be there like the graphite in a pencil, where the graphite is the reason for existing, while the wood body is only the support, only the loadbearing structure.

What makes up the loadbearing structure? Let's take a closer look.

*a) Rhymes*

Clearly presented rhymes form strong musical bridges; they determine the ongoing rhythm and, if needed, can shift it to another, break up the meter or add a pause.

Rhyme is used as a traditional musical element, and may comprise multiple sounds from arrays of words, whether from contiguous phrases or even from different parts of a poem. For example, in the following "Blues with Rain": "It fires" in combination with "Never tires" rhymes with "Alone or paired." Such sequences are dictated by internal rhythm. Often a rhyme scheme passes through several metamorphoses, such that the initial and final forms, strictly speaking, don't rhyme at all and yet sound as one chord. One harmony. For example, in the blues below, the words "poetics" and "waltz-step" hardly rhyme in a canonical syllabotonic sense. Yet let's look at a broader range of mutations:

"poetics"→"dejected"→"depict"→"set"→"waltz-step"

We can see rhyme in the words of each pair, and everything together breathes a harmonious, jazzy tune.

Not in this example, but it can also happen that rhyme isn't needed at all, with only the taut string of meaning determining the need for it.

| **Blues with Rain** | **Блюз с дождём** |
|---|---|
| There's *gloom* | Есть *грусть*. |
| But no form where it **can go**. | Но нету формы для **неё**. |
| My *school* | Я *научусь* |
| Of mirth opens **tomorrow**. | Веселью **днём**. |
| Once day unbinds the grey **band**, | Лишь он закончит серый **круг**, |
| My *renewal* | *Начнусь* |
| Will start with **hands**, | Из **рук**, |
| With children's words | Из детских слов |
| Not yet joy — a smell, a second *split*. | Ещё не радость — запах, *миг*. |
| My *pull-through* | *Рванусь* |
| Will come from *this*, | Из *них*, |
| From voices heard. | Из голосов. |
| There's *gloom*. | Есть *грусть*. |
| And the memory it fires | И память от неё |
| Never tires — | Не устаёт — |
| Alone or paired. | Один, вдвоем. |
| **Poetics — watercourses**. | **Строка — ручьи**. |
| Again **dejected**. | Опять **тоска**. |
| Again **orphaned** | Опять **ничьи** |
| Eyes **depict**, | Глаза — **рассказ**, |
| Blooms no vase ever **set**. | Цветы, не знающие **ваз**. |
| Three stems | Три штуки, |
| Like **waltz-steps**. | Как размер на **вальс** — |
| Orchestral *rain* | Оркестр — *дождь* |
| On puddled **stage**. | На сцене **луж**. |
| And **circulating** | И **кружит** |
| Paper, tints, **ink stains**, | Лист, чернила, **тушь**, |
| Sheet-trimmer *blades*. | Бумаги *нож*. |
| **Dejected**. | **Тоска**. |
| And a wet smell on the ***wing***. | И мокрый запах ***влёт***. |

| What the heck! | **Пускай!** |
|---|---|
| It *sings*. | *Поёт.* |
| Sax-*ray*, light-**soloist**. | *Луч*-саксофон и соло-*свет*. |
| Dream *haze*. | Сон *туч*. |
| **Stout limb.** | **Ветвь.** |

*b) Thematic mutations and variations*

A jazz poem's theme can often begin with a simple riff. With something

very obvious. Gradually escalating to the right level to capture and describe, to match the real emotions, sensations and situations in play. A jazz poem theme's evolution emerges as its content gains scope. As in a jazz melody where a fluctuating theme threads a riff through a whole piece, in a poetic version, meaning acquires many layers as word and rhyme music cultivates emotion.

Jazz poetry allows variation (improvisation) — just as jazz music customarily does. Jazz music's main thing is emotional precision. If a variation upholds the overall emotion, it's welcome. In jazz poetry variations, precision of meaning, event, content also matters. If the changes embodied in a word or sentence do no harm, this variation, too, is possible. Especially if improvising enhances the content. A specific word is just a tool and nothing more: a mosaic of word amalgams joined by inner music induces to another level where new layers of meaning unfold. Writing good variations is tricky — the whole endeavor breaks easily. That makes sensitivity to precise words no less demanding, of course, in jazz poetry than in traditional poetics.

| No more means to *avoid it*. | Никуда уж не *деться*. |
|---|---|
| Our autumn's a step or two *off*. | Нам до осени шаг или **два**. |
| We have only words **left**, | Нам остались **слова**, |
| Offsetting *inherited* | Чтоб заполнить *наследство* |
| ***Detours***. | ***Невстречи***. |
| To manage disdain | Чтоб суметь пренебречь |
| For attraction of squeezed ***shoulders*** | Притяженьем объятья за **плечи** |
| And as an *ointment* | И как *средством*, |
| That ***cures***, | Которое **лечит**, |
| Offsetting **fiascos**. | Заполнить **провал**. |
| To **concoct** | Чтобы **насочинять** |
| A hundred **debuts** | Сто **начал** |
| And developing *plotlines*, | И развитий *сюжета*, |

| | |
|---|---|
| Starting out with the end. | Начиная с конца. |
| We have only words **left** | Нам остались **слова,** |
| For leaving them **stoppered**, | Чтобы их **промолчать**, |
| For awaiting *responses,* | Чтоб дождаться *ответа*, |
| For hiding | Чтобы скрыть |
| A face's incipient pigment. | Проступившую краску лица. |

*c) Rhythm and meter*

Very often a jazz poem begins in one form, then moves to another and finished, for example, simply in blank verse. This is fine, as long as rhythm substitutions and metrical irregularities legitimately best convey the substance to the reader-listener. This correlation provides the main rationale for a multi-metered poem.

Leaving behind the limitations of any regular poetic form, jazz form makes its case through ease and clarity of meaning while preserving the panoply of layers and varied content it communicates. Communicates easily. On a wave of music. Internal rhymes participate more fully in the prosody — everything resonates, not only line endings, which often dominate in regular meters.

| | |
|---|---|
| **Unacquaintess** | **Незнакомка** |
| One subway day I'm writing ***poetry***. | Как-то в метро пишу ***стихи***. |
| Opposite, *a young girl* | Напротив *девочка*, |
| Gives ice cream **licks**. | Мороженое **лижет**. |
| ***Lightly*** | ***Легки*** |
| Her tongue **flick**ers. | Движенья *языка*. |
| Not any **book** | А **книжек** |
| Among her needs — | Не надо ей — |
| She herself is a *verse*. | Она сама *строка*. |
| And ribbon **fix***tures* | А *ленточка*, |
| **Tucked** *under* | Повязанная **ниже** |
| A blaring blouse! And *fingers*! | Кричащей блузки! А *рука*! |
| ***Not the ones*** | ***Не та***, |
| Holding the waffle *cylinder*, | Что держит вафельный *стакан* |
| Up *higher*, | **Повыше**, |
| *Which for* | *И пока* |
| Now don't **stir**. | **Недвижна.** |
| ***But the ones*** | ***Но та***, |
| At play on a *femur*, | Что пальцами играет на бедре, |
| As only occurs in the *calendar* | Что лишь в календаре |

"Japanese **Variations**"

Once every n-teen *pages*,
And *faces'*
Cantata **incantations**
Are no longer *heard*
Over her. Bolstered by *embroidered*
**Patterns**
Leading where the **skirt**
Halts abruptly... Beyond, a **purse**
Stands *anchored*,
Clenched by leg lengths.

And a drop of crème *brulee*,
Fallen on that **scape**,
*Lusters*,
A *memory*
The month of **May**
Is out there over buildings,
With gusty winds,
And no less *sultry*
In the beetle banter.
All I beg for's
To leave the subway system.
And never write another line again.

«Японского **варианта**»

Встречается раз в-дцать *страниц*,
*И лиц*
**Кантата**
Уже не *слышима*
Из-за неё. Тем более, что *вышивка*
**Рисунка**
Приводит взгляд туда, где **юбка**
Кончается    внезапно...    Дальше
— **сумка**,
*Стоит*,

Зажатая ногами.
И капля «крем-*брюле*»,
Попавшая на **край,**
*Блестит.*
Напоминая *мне*,
Что месяц **май**,
Там, над домами,
Посреди ветров,
И не *остыл*
В жуков жужжаньи.
Одно желанье —
Выйти из метро.
И никогда не сочинить ни строчки.

### 3. Why and what for?

The modern world's generally greater entropy strains the traditional walls of regular poetic forms. In the Russian language, syllabotonic verse has existed since the mid-18th century and has remained poets' favorite choice. Why is this, when, for example, in English, it relinquished the top positions long ago? This is a separate topic for inquiry: here, I would only note that traditional prosody is not outdated — it simply becomes more limited as society develops. Poetry's content has grown in complexity, with an ever-greater resistance to syllabotonic meters. While the main focus concerned poetry's artistry, syllabotonic worked superbly. In our accelerated time, artistry as such is less important than precise, laconic content. Any professional poet can write in any style and on any topic. The emphasis has shifted conclusively from form to essence. The art of poetry lies not so much in the form around a semantic message, but more in how form and meaning merge to make one unified, harmonized substance of verse, in the best poetic fit for a given graspable essence.

After all, the universe's harmonies do not submit to regularity. They are more complex. At some point, thinking in strict forms is no longer possible when listening to the cosmos. Jazz poetry is a tool for more precise extraction of divine Word from a current the poet can tap and monitor. But if syllabotonic verse fits, of course, it warrants use. Then there is no need to slide into jazz. The chosen tools should fit the job at hand.

> *The key is having music and a theme.*
> *The rest is only exercising craft.*
> *And a pen — an oar clutched in a raft.*
> *Below it, paper rapids, frothy streams.*
> *Harmony puts nuance into pain,*
> *And pain crusts in a scar — and that is all.*
> *Time twirls, traces your flank,*
> *Is seized. Has stalled.*

(translated by James Manteith)

## *Acknowledgements*

Thanks to **Tanya Apraksina** and **James Manteith**, who make a special wonderful team. With James, an English translator, poet and musician and with Tanya – talented artist and Russian writer, this book has a special angle going beyond my original Russian works of poetry. It was a joy working together on this book.

Lots of gratitude to **Andrew Kneller** who was the first to brave the translation of my poems into English six years back.

Special thanks go to my daughter **Eva** for her help with perception of how young generation hears this book of written jazz.

If you want to leave a comment feel free to contact me at www.nomer.us

*Sasha Nemirovsky.*
*May 2017*

Printed in the United States
By Bookmasters